Italien

Klassische Reiseziele

Die berühmten Villen in Latium

Isa Belli Barsali

Atlantis

Ins Deutsche übertragen von
Dr. Barbara R. Kes

Redaktion
Dr. Dieter Struss

Titel der Originalausgabe
Ville del Lazio

Herausgeber der Reihe
Silvio Locatelli und Marcella Boroli

Lizenzausgabe 1989 für
Manfred Pawlak Verlagsgesellschaft mbH, Herrsching

Printed in Italy, New Interlitho S. p. a. – Trezzano
ISBN 3-88199-567-6

An den Orten höchster landschaftlicher Schönheit

Rom war in der Zeit zwischen den Päpsten des 15. und 19. Jahrhundert von einer Landschaft voll antiker und mittelalterlicher Ruinen umgeben, durchzogen von antiken Aquädukten. Sie war nicht ohne Reiz, war aber vor allem sumpfig und nur als Weidegebiet zu verwenden. Die nächsten Zentren waren Tivoli, Frascati und andere Ortschaften der Albaner Berge. Hier, wo sich die höchste landschaftliche Schönheit konzentrierte (in der Ferne die Campagna und Rom, das Meer, die Hügel und der Albaner See), errichteten die Persönlichkeiten des römischen Hofes ihre prunkvollen Villen. Die Einheit von Naturschönheit und Resten der Antike scheint zusammengefaßt in der lateinischen Versinschrift, die Kardinal Scipio Borghese in der Loggia del Vasanzio der Villa in Mondragone anbringen ließ: »Hier siehst du Tivoli, die Hügel und Felder Catos. Welch ein Anblick böte sich dir wundervoller dar?«

Zappi schreibt im Jahre 1576: Von Tivoli aus »entdeckt man die ganze Stadt mit dem Garten, dem Wald der Ölbäume, die die Stadt umgebenden Berge, die große Ebene und die Campagna, nicht nur die Roms sondern sogar bis nach Hostia, was dreißig Meilen entfernt ist. Man sieht unter sich, wenn man dort oben steht, alle Gärten mit dem Fluß Aniene, und man sieht auch die Villa von Quintius Varus und die Villa des Kaisers Hadrian und ebenso die Villa des Kaisers Oktavian, von der ich finde, daß sie eine der schönsten auf der Welt ist. Außerdem sieht man am Morgen zu früher Stunde, und wenn das Wetter klar und die Sicht gut ist, die Stadt Rom mit dem Bau der Peterskirche.«

Viele Villen wurden an denselben Stellen wie die römischen errichtet, Orte, die nunmehr »verwildert, weil zum großen Teil von Trümmern der Hausruinen bedeckt . . .« (Leandro Alberti, 1553) waren. Einige dieser Trümmer haben die Zeit überstanden, eingefügt in den Neuaufbau der Gartenterrassen, wie der spektakuläre Kryptoportikus der Villa Domitians am Albaner See, der zunächst Teil der Villa Barberini, später der päpstlichen Villa in Castelgandolfo wurde. Gerade die Ausgrabungen der antiken Villen und Monumente – die Arbeiten an der Hadrians-Villa in Tivoli und die Studien des Ligorio am Tempel von Preneste, die gleichzeitig mit der Errichtung der Villa in Tivoli stattfinden – führen nicht nur zu einer großartigen Ausdehnung der neuen Anlagen, sondern auch zu Treppen und Terrassen und starken Fundamenten, die als Aussichtsterrassen genutzt werden, zu Grotten und Nymphäen mit wertvoller Dekoration und Brunnen und Statuen in großer Zahl.

Andere Villen siedelten sich hingegen in einiger Entfernung von Rom an, weite Landgüter wie Caprarola, der bemerkenswerte Garten Sacro Bosco di Bomarzo oder die Villa Giustiniani in Bassano di Sutri auf der Rückseite des großen Palazzo an der Piazza der Ortes.

Andere wurden wiederum in Beziehung zum großen Wasserreichtum bestimmter Orte konzipiert, wie in Tivoli die Villa des Kardinals Ippolito d' Este, die er bauen ließ, nachdem er Hofmeister geworden war. Santacroce in Oriolo Romano oder das Castel Fusano der Sacchetti hingegen wurden in Hinsicht auf weithin urbar gemachtes Ackerland konzipiert. Letztere vereinigt mit dem zugehörigen Grund auch die Nutzung der Saline des Küstensees.

Im 15. Jahrhundert ergreift die Villenmode in Rom Fürsten und Kardinäle (die fast alle den größten Familien Italiens angehören), vor allem aber die Kardinäle, die Neffen der Päpste sind. Sie reizt auch die Päpste selbst, auch wenn diese sie selten selbst in die Tat umsetzten, wie bei den römischen Villen Julius' III., Pius' IV. und Pius' V.. Auf die Frage: »Heiliger Vater, wird morgen das Konsistorium tagen?« soll Julius III. (mit dessen Namen sich die große Villa Giulia auf der Via Flaminia verbindet) geantwortet haben: »Morgen haben wir Vigna.« (Vigna ist im 16. Jahrhundert der meistgebrauchte Ausdruck anstelle von Villa; Vigna = Weinberg.) »Papst Paul V. flüchtet sich in den Garten, wenn er die Last der Welt, die er trägt, ablegt«, teilt eine andere lateinische Inschrift der Loggia in Mondragone mit. Später notiert das Vatikanische Tagebuch für Papst Gregor XIII.: »Der Papst verschiebt seinen Wunsch zur Villa zu fahren, bis das Wetter milder geworden ist.«

In Frascati ließ sich Kardinal Marco Sittico Altemps, Neffe Pius' IV. und Freund Gregors XIII. – er lädt ihn oft ein – nieder. Gregor errichtete für den Sohn, Giacomo Boncompagni, Herzog von Sora, die Villa Sora. An seinem Hof befand sich der mächtige Kardinal von Como, Tolomeo Galli, ebenfalls ein Erbauer von Villen. Mit dem Besitz Altemps', der bereits drei aneinandergrenzende Villen umfaßte (die Tuscolana, von Vignola erbaut, Mandragone, von Martino Longhi erbaut, und die Retirata für den Sohn Roberto) wiederholte Scipione Borghese, Kardinal und Neffe Pauls V. die Tat, eine einzige große Villa zu errichten, indem er verschiedene Besitzungen zusammenschloß, wie er es bereits in Rom außerhalb der Porta Pinciana gemacht hatte. Dort waren es die frühere Villa Altemps und die Villa Taverna gewesen, an denen Girolamo Rainaldi arbeitete.

Mit der neugekauften Villa Mondragone, die vom Kardinal Borghese auch vergrößert wird, und mit der des Pietro Aldobrandini, dem Kardinal und Neffen Clemens' VIII., beginnen sich die Villen Frascatis in komplexe Inszenierungen von Palästen und Wasserspielen zu verwandeln, die ihre Fortsetzung, noch immer in Frascati, im Terrassengarten mit Wasser und Pflanzen der Villa Ludovisi finden. Der Hügel von Frascati sieht im 15. Jahrhundert auch die Ansiedlung der Klostervillen der Kapuziner und im 18. Jahrhundert der Klostervillen der Jesuiten, die von Vanvitelli die alte Residenz des Monsignor Ruffino rekonstruieren ließ (die daher den Namen Ruffinella trägt).

Fürsten und Kardinäle wetteiferten dort miteinander um die Brunnen mit den verblüffendsten Wasserspielen und den wertvollsten Seltsamkeiten (wie Muscheln und Korallen, die ursprünglich neben groberen Materialen wie Travertinschaum verwendet wurden); um die raffiniertesten Gärten mit wertvollen Kulturen von Hyazinthen, Tulpen, Amaryllis und all den seltenen importierten Pflanzen; um Paläste, erbaut von den berühmtesten Architekten der Zeit, und um die am reichsten mit Malereien, Stuck und anderen Dekorationen ausgestatteten Säle.

Die Villa als Ausdruck von Kultur, Reichtum und Macht

Bei der Errichtung der Villen Roms und des Latium wurden alle großen Architekten, die jeweils in Rom anwesend waren, beschäftigt: Bramante, Peruzzi, Raffael, Sangalli, Vignola, Ammannati, Vasari, Giulio Romano, Jacopo del Duca, Ligorio, Bernini und Borromini, Algardi und Grimaldi, Fuga und Vanvitelli, Canina und Valadier. Außer dem Architekten, der den Palast entwarf, waren jedoch noch Scharen von Malern, Bildhauern, Stukkateuren, Vergoldern, Tischlern, Gärtnern und Brunnenbauern nötig. Es entstanden daraus Komplexe von großer Geschlossenheit, gestaltete Träume von Auftraggebern, die in das Land und die Kunst verliebt waren, noch mehr aber eine grandiose Bühne errichten wollten, die aus den unendlich vielen Materialien und Formen einer Villa gemacht war. Eine Bühne, auf der man sich mit dem eigenen Hof bewegen konnte und die gleichzeitig ein Abbild der eigenen Kultur, des Reichtums und der Macht sein sollte.

Die notwendigen Ausgaben stießen im Klima der Gegenreformation auf einige Kritik. Kardinal Carlo Borromeo sagte, als er sich in Bagnaia aufhielt, zum Kardinal Gambara: »Monsignore, Ihr hättet besser daran getan, mit dem Geld, das Ihr für die Gestaltung dieses Ortes ausgegeben habt, ein Nonnenkloster zu errichten.« Als er nach Caprarola kam, war er von dessen Prachtentfaltung beeindruckt, tadelte dafür jedoch den Besitzer. Dieser, Kardinal Alessandro Farnese, antwortete, er habe den Armen das Geld nach und nach gegeben, sie es aber »mit ihrem Schweiß verdienen lassen«! Kardinal Cesare Baronio ließ, während die große Villa Aldobrandini entstand, auf die Tür seines Häuschens im nahegelegenen Garten Piccolomini schreiben: »Dem, der sterben muß, ist dies genug!«

Die Innenausstattungen waren aufwendig: Möbel der raffiniertesten Holzschnitzer, wertvolle Stoffe, Kuriositäten und die sehr beliebten Ausgrabungsstücke bildeten häufig große Sammlungen.

Der Besuch des Papstes in der Villa war eine Gelegenheit, der angenehmen Muße der täglichen Routine zu entkommen und aufwendige Gastmähler oder Theateraufführungen zu organisieren. Er war aber auch eine Gelegenheit, Verschönerungen außerhalb oder innerhalb der Villa vornehmen zu lassen.

Die beeindruckendsten Veränderungen wurden von Giuseppe Lotario Conti an der Villa Catena bei Poli in den Jahren 1721–1723 vorgenommen. Diese war im 16. Jahrhundert von seinem Vorfahren Torquato Conti errichtet worden. Aus Anlaß der Erhebung des Bruders von Giuseppe Lotario, Michelangelo, an den päpstlichen Stuhl (später nahm er den Namen Innozenz XIII. an) errichtete man außer dem Palazzo der Kardinäle den Palazzo des Papstes und zwei kleine Zwillingspaläste. Die Gebäude wurden durch Alleen und Gärten miteinander verbunden und in einer großartigen Inszenierung, die den ganzen Hügel bedeckte und auch den Palast aus dem 16. Jahrhundert einbezog, organisiert. Der Papst traf mit einem Gefolge von siebenhundert Personen, darunter achtzehn Kardinäle, ein. Unterwegs hatten sie in Lunghezza dagli Strozzi zum Essen haltgemacht. Alle wurden in der renovierten Villa Conti aufgenommen.

Lederarbeiten von seltenem Wert, in Silber und Veilchenblau, zusammen mit anderem in Gold, Silber und Weiß, karmesinrote Samtvorhänge, Damast und Atlas bedeckten die Wände der Villa Tuscolana zur Zeit des Kardinals Altemps, dessen Villa in Mondragone mit vergoldetem und versilberten, roten und grünen oder vergoldeten, versilberten und rotem Leder sowohl in der Wohnung Papst Gregors XIII. als auch in denen der Gäste ausgestaltet war. Anderes sehr reiches Leder (türkis und rot, schwarz und golden) war in der Villa Contugi in Frascati zu finden, die von Kardinal Pietro Aldobrandini geopfert wurde, um einen neuen und aufwendigeren Aufenthaltsort zu errichten; ebensolches Leder wurde auch in der Villa Aldobrandini und im Castello Chigi bei Ariccia verwendet.

Das Zimmer, in dem Gregor XIII. im Jahre 1579 in Caprarola schlief, wurde aus »diesem Anlaß ganz neu gemacht . . . «, »ganz schneeweiß mit Seidendrapierung, mit Fransen und Stickereien goldener Lilien, mit dem päpstlichen Thron und anderen Ausstattungen desselben. Das Bett war mit Lack und Silber und mit einem Bettvorhang aus feinster weißer Seide wie ein Netz gearbeitet, ganz bedeckt von wundervollen Lilien und goldenen Sternen, mit solcher Anmut verziert, daß er im Sinn der Betrachter eine gewisse Freude und ein Jubeln hervorrief.«

In Carrocceto bei Cisterna errichtete Fürst Marcantonio Borghese im Jahre 1697 sogar eine Behelfsvilla aus Holz für den nur wenige Stunden dauernden Aufenthalt von Papst Innozenz XII. und dessen Gefolge. Im Erdgeschoß fand sich eine Galerie und eine Zimmerflucht, die mit karmesinrotem, mit Goldspitze besetztem Damast, flämischen Gobelins und

Goldbrokat bedeckt war. Im ersten Stock waren die Wände der Zimmer, die zum Aufenthalt des Papstes dienen sollten, mit weißer Seide mit bunten Blumen bedeckt und wechselten sich mit gestickten Blumensäulen ab. Das Geschirr war in Gold und Silber und mit Edelsteinen verziert, die Teller aus Bergkristall, die Tafelaufsätze für die Tischmitte waren aus massivem Silber.

Die außergewöhnlichen Innenreinrichtungen der Villen sind verloren oder zerstört. Die Bilder dieses Buches zeigen leere Säle. Die Fresken sind die einzigen Zeugen des ursprünglichen Glanzes der Interieurs, die unsere »Zivilisation« ausgelöscht hat.

Als die Wände mit dem wertvoll bearbeiteten Leder bedeckt wurden, blieb für die Malerei allein das Deckengewölbe. Als »eingefügtes Bild« überlebte diese Tradition auch im 18. Jahrhundert, zum Beispiel in der ersten Etage des Castel Fusano. Im allgemeinen bedeckte die Malerei jedoch wegen des Ehrgeizes der Eigentümer, auf ihrem Olymp die Ruhmestaten der Familie oder Anspielungen auf die Taten des Bauherren dargestellt zu sehen, größere Räume. Die Themen der Malereien – und auch die der Statuen – waren extravagant und häufig im Sinne komplizierter Symbolik angeordnet; sie wurden von Humanisten und Literaten konzipiert. Unter diesen befand sich auch Annibal Caro, der sich in Frascati im Jahre 1563 eine Villa errichten ließ, die er mit einem Wortspiel Caravilla nannte.

Die Familienwappen und die Embleme verraten bisweilen in den Gewölben und auf den bemalten Wänden zusammen mit den persönlichen Motti, von wem die Ausstattungen veranlaßt wurden. Wappen und Embleme finden sich auch außen, in der Architektur der Brunnen, in der Anlage der Beete und Fußböden: das von der Jungfrau bezähmte Einhorn in Caprarola und in Tivoli; Pegasus als Geschenk der Aurora und in Zusammenhang mit den Musen des Parnaß in Caprarola, in Bagnaia, in Tivoli, in der d' Este in Tivoli; der Krebs des Kardinals Gambara in Bagnaia; die Wappen der Besitzer finden sich überall, im Castell Fusano zusammen mit dem Wappen von Urban VIII. und den Kardinälen des Hauses Barberini, Freunde des Sacchetti. Die Lilie der Farnese wurde durch die Anlage von Buchsbaumhecken in den Gärten von Caprarola gebildet und erscheint in den Fußböden des höhergelegenen Gartens. Elemente des Wappens der Aldobrandini (Sterne und Rechen) finden sich ebenfalls in der Anlage der Beete der Villen Aldobrandini und Lancellotti in Frascati.

Die komplexen Gemäldezyklen in den Sälen – und auch die Brunnen an den Wänden (in Tivoli und Caprarola) – sollen die Illusion eines weitläufigeren Raumes erzeugen. Damit begann man in der Farnesina in Rom, die von einem reichen Bankier aus Siena, Agostino Chigi, erbaut wurde, im ältesten Gemäldezyklus der Villa, ausgeführt von Peruzzi sowie Raffael und seiner Schule. Es erscheinen hier – abgesehen vom Horoskop Chigis – Themen, die bei der Ausstattung von Villen einen großen Erfolg haben sollten: architektonische Darstellungen mit perspektivischen Säulengängen, die sich weiten Himmeln und Landschaften öffenen, mythologische Darstellungen mit Details, die sich auf die Liebe beziehen (Venus, Psyche, Nymphen); vor allem Darstellungen von Laubengängen aus Blumen- und Fruchtgirlanden, und fliegende Vögel, die wie die Scheinarchitekturen einen offenen Raum und die Freude des Villenlebens suggerieren sollten.

Der großartigste Freskenzyklus findet sich im Palazzo Farnese von Caprarola, der von Annibal Caro mit Hilfe von Onofrio Panvinio und Fulvio Orsini konzipiert wurde. Seit 1560 setzten sich Taddeo und Federico Zuccari, Giacomo Bertoia, Giovanni de Vecchi, Antonio Tempesti und Bartholomäus Spranger mit den großen Wänden und Gewölben auseinander. Aufgabe Zuccaris waren die Fasti Farnesiani, ein großes Freskenpoem, das in zwei Sälen (eben der der Fasti Farnesiani und der des Rates) außer den Porträts der großen Gesprächspartner der Farnese (Karl V. und Philip II. von Spanien, Franz I. und Franz II. von Frankreich) und dem durch Heiraten vermehrten Ruhm der Familie (Ottavio mit Margarete von Österreich und Orazio mit Diana von Valois) die europäischen Ereignisse zeigt, in denen die Farnese die Hauptrolle gespielt haben. Hierzu gehört: Kardinal Alessandro und Ottavio Farnese gegen die Lutheraner, der Einzug Karls V. in Paris in Begleitung von Kardinal Alessandro, Paul III. ernennt Pier Luigi Farnese zum Oberhaupt des päpstlichen Heeres und Orazio Farnese zum Präfekten von Rom, Paul III. beruft das Konzil von Trient, empfängt Karl V. auf dessen Rückkehr aus Afrika und exkomuniziert König Heinrich VIII. von England. Der Saal der Weltkarte in Caprarola (1574), gemalt von Giovanni de Vicchi und Raffaellino da Reggio ist ein beeindruckendes Dokument des Interesses, das die großen Entdeckungen der Seefahrer und Forscher hervorriefen. Sie werden auf den Wänden gefeiert (Marco Polo, Kolumbus, Magellan, Vespucci, Hernan Cortés). Gleichzeitig wird das hohe wissenschaftliche Niveau der damaligen Kartographen deutlich.

Die malerische Ausstattung bedeckte im 16. und 17. Jahrhundert auch große Bereiche der Wände und der Gewölbe. In kontinuierlichem Bezug auf das erhabene biblische und mythologische Repertoir wollte man den Aufenthaltsort und die Besitzer adeln, sei es, indem man der Familie einen Ruhmeskranz mehr verschaffen wollte, sei es, daß man die Veränderung der Umgebung durch das architektonische, gärtnerische und planerische Werk feiern wollte: »Moses läßt Wasser entspringen« und »Wunder des Manna« – die sich auch in Bassano di Sutri zusammen mit den Darstellungen der Jahreszeiten finden – spielen in Tivoli auf die Bestellung des Landes und die mühsame Kanalisation an.

Mit den Bildern, die die Gesetze des Gastrechts darstellen und die am Eingang des Palastes von Kastel Fusano aufgestellt sind, betont Kardinal Giulio Sacchetti, daß die belastenden Sorgen um die Geschäfte, der Ehrgeiz und die höfischen Schmeichelein zugunsten der Annehmlichkeiten der Jagd, der Fischerei und des Landbaus fernzuhalten seien. In der Galerie des zweiten Stocks eben dieses Palastes findet sich neben der großen »Allegorie Roms«, deren Bedeutung durch die Anwesenheit anderer Gemälde von Römern strengster und altväterlicher Tugend (Romulus, Scipio, Silla, Cincinnatus) erklärt wird, das Thema des Wechsels der Zeiten in zwei großen Rundbildern mit dem Sonnen- und dem Mondwagen. Der Bezug zur Landwirtschaft und dem Hirtenleben wird deutlicher in den Bildern »Triumph der Ceres und des Bacchus« und »Opfer für Pan und Pomona«. In der Villa d' Este in Tivoli öffnet sich der größere untere Salon, der für Repräsentationszwecke bestimmt ist, durch eine Scheinarchitektur von Säulengängen und läßt die Besitzungen des Kardinals Ippolito sichtbar werden. Eine ähnliche Prahlerei – diesmal aber in einer der schönsten Villen – findet sich im Portikus des kleinen Palazzo Gambara in Bagnaia. Dort trägt sie als Dach das »Götterkonzil«, das in der Farnesina schon verschwunden ist. In Bassano di Sutri, das von den Anguillara angekauft worden war, ließ der Marchese Vincenzo Giustiniani – Besitzer auch einer Villa in Rom gleich außerhalb der Porta Popolo – nicht nur eine Villa zum Palazzo errichten, sondern vergrößerte diesen im Jahre 1607. Dabei ließ er die von den Anguillara begonnene malerische Ausstattung fortsetzen. Bernardo Castello aus Genua wurde berufen und stattete das Gewölbe des Ecksalons (1605) mit einer eleganten Erzählung der »Geschichte der Psyche« aus. Diese hatte schon Raffael in der Farnesina vorgestellt, dann Francesco Albani (Wände und Decken der großen Galerie mit dem Mythos des Phaeton), Domenichio (kleines Zimmer mit »Geschichte der Diana«) und Paolo Guidotti Borghese (1610).

Die Villen des Gebiets um Viterbo

Im Zentrum großer Grundbesitzungen und in Beziehung zu den – antiken oder wiedererrichteten – Ortschaften stehen die großen Villen des Gebiets um Viterbo in Caprarola, Bagnaia, Bomarzo, Oriolo Romano, Bassano di Sutri für grundsätzlich unterschiedliche Konzeptionen der Beziehung zwischen Gebäude und Garten. In Caprarola und in Bagnaia können die Gärten nur von den Architekten verwirklicht worden sein, die auch die Paläste entwarfen.

In Caprarola breitet sich die ganze Pracht einer außergewöhnlichen Familie aus, der Farnese, aufgestiegen durch die Erhebung zum päpstlichen Stuhl (1534) eines ihnen eng Verbundenen, Paul III. Bald stand Kardinal Alessandro, eine der wichtigsten Persönlichkeiten des päpstlichen Lebens in Rom überhaupt, der Familie vor. Er war ein Kardinal, der die Jesuiten schützte, Vertreter des Papstes im Konzil von Trient, Gesandter des Papstes bei Karl V. und Franz I., leidenschaftlicher Sammler, Gönner Tizians, der ihn mit dem Bruder Ottavio, Herzog von Parma und Piacenza, neben Paul III. porträtierte. Er war seit 1580 Besitzer der Villa in Trastevere, die Agostino Chigi gehört hatte und die damit den Namen Farnesina erhielt.

Die große burgartige Anlage in Form eines fünfeckigen Prismas umschließt einen wundervollen Hof mit Portikus und Loggia. Er war mit seinen Wohnungen der regelmäßige Wohnsitz für Sommer und Winter. Gegen den Berg hin liegen zwei geheime Gärten von quadratischer Form, die ebenso wie der Palast der Repräsentation dienen und »gemäß der I. und II. Wohnung des I. Stocks« ausgerichtet sind (Gesamtplan von Vasi): die Beete sind genauso breit wie die bergauf gerichteten Fassaden; die Tore des Palastes führen auf einen axialen Weg mittels einer Brücke über den Verteidigungsgraben. Der Weg erweitert sich zu einem Platz, durch eine zweite, kreuzende Allee gebildet, und führt zu einer Brunnengrotte. Durch die beiden sich kreuzenden Alleen und die kleinen Wege wird das Viereck der zwei Gärten in sechzehn Beete geteilt, ursprünglich bepflanzt nach italienischer (geometrischer) Weise mit die Farnesische Lilie bildenden Hekken, wie aus der »Pianta Generale del Reale Palazzo di Caprarola« (Gesamtplan des Königlichen Palastes von Caprarola) von Giuseppe Vasi (1743) hervorgeht.

Die zwei Gärten, sommers wie winters genutzt und untereinander mit einem Durchgang verbunden, der wiederum durch den architektonischen und plastischen Knoten der Fontana del Pastore (Hirtenbrunnen) ausgezeichnet war, boten ein Schauspiel, das man nicht allein von den Fenstern des Palastes genießen konnte, sondern auch von einem dritten viereckigen Garten aus auf höherem Niveau hinter dem Hirtenbrunnen. Von hieraus konnte man das Muster der Beete wie einen großen, sich mit den Jahreszeiten durch den Wechsel der Bepflanzung ändernden Teppich würdigen. Die Panoramalage des Gebietes wurde von den Loggien unterstrichen. Der Blick von dort schweifte nach allen Seiten hin frei über das Land, das, so weit das Auge reicht, im Besitz der Farnese war.

Daß die Villa Ausdruck eines einheitlichen Gedanken ist (der inszenierte Zugang vom Ort Caprarola aus, der mit der Hauptstraße den triumphalen Zufahrtsweg bildet, das hohe und dominante Gebäude, die Gärten in engem Bezug zu ihm), verdanken wir einem einzigen Plan (Vignola bis 1573), auch wenn dann einzelne Teile von anderen realisiert und möglicherweise auch erfunden wurden

(Jacopo del Duca). Die beiden Gärten wurden im Jahre 1573 bepflanzt.

Hinter dem »offiziellen« Gebäude als Sitz der Farnese ließ sich Kardinal Alessandro (durch Jacopo del Duca und später Rainaldi) einen »privateren« Ort errichten, die *casa del barco*, ein Casino mit kleinerem Hauptgebäude und Gärten, die Kardinal Odoardo benutzte. Sie ist von außerordentlicher Schönheit. Der Aufstieg erfolgt zunächst auf einer im Verhältnis zum Casino geneigten Rampe; im zweiten Bereich befindet man sich fast auf ebenem Gelände, und eine grüne Allee, die den Wald durchquert, führt zu einer Überraschung: An ihrem Ende befindet sich zwischen den Bäumen ein Rasen als geniale Ebene, damit sich der runde Brunnen, die Brunnennischen und der Wasserfall entfalten können, die sich perspektivisch anordnen und zum darüberliegenden Casino führen.

Vom tiefergelegenen Teil des Rasens erweitert sich, wenn man durch den engen Zufluß des Wasserfalls sieht – in Form einer Kette wie in Bagnaia und in der Villa Aldobrandini in Frascati – der Raum fortschreitend zu den beiden vor und hinter dem Casino liegenden Gärten, was fast darauf hinzudeuten scheint, daß der erste der Beschaulichkeit und der zweite den Festen und Schauspielern dienen sollte.

Die erste Gartenterrasse ist der rechteckige, vor dem Casino sich ausdehnende Garten, bewacht von großen, in Stein gehauenen Hermen und nach italienischer Art mit Buchsbaumbeeten bepflanzt. Letztere sind von zwei Brunnen mit Einhörnern umgeben und erscheinen auf dem erwähnten Plan Vasis mit den Farnesischen Lilien.

Symmetrische Rampen – auf deren Geländern Quellen sprudeln – führen zur zweiten Terrasse. Hier hält der Garten eine zweite unvergeßliche Überraschung bereit: ein weiter, leicht ansteigender Bereich wird von einem Platz und von in Stockwerken angeordneten Gärten geschmückt. An deren Vorderseiten befinden sich Dutzende von Springbrunnen – sie enden im großartigen Bühnenhintergrund mit großen Pilastern, auf denen Nymphen im Sattel von Einhörnern fliehen. Kunst und Natur ergänzen sich hier wechselseitig mit wundervollen Kontrapunkten, und die Vegetation wird in ungeheurer Vielfalt von Farben und Formen zur Musik. Neben Kastanien finden sich Pinien, Zypressen, Tannen; gut vierhundert ließ der Kardinal im Jahre 1584 pflanzen.

Großes und kleines Gebäude *del barco* bilden mit ihren Gärten einen der größten italienischen Villenkomplexe. Eine analoge Anordnung wollte Vincenzo Giustiniani auf dem alten Besitz Anguillara in Bassano di Sutri erreichen, wo hinter dem im Ort errichteten Gebäude sich die Villa mit dem kleinen Kastell und Turm. Ein Kastell mit Adler darüber war im Wappen Giustiniani. Hier endete eine axiale Allee, die einen Wald durchquerte.

In Bagnaia teilt sich der Aufenthaltsort in zwei kleinere Casinos, die sicher schon zu Beginn der Arbeiten von Kardinal Giovan Francesco Gambara (1566–1578) erdacht worden waren, auch wenn das zweite erst von Allesandro Damasceni Montalto erbaut wird, der Kardinal und Neffe Sixtus' V. war und in Bagnaia von 1587 bis 1623 residierte. Der Garten schmiegt sich an die Neigung des Abhangs; im weiten offenen Raum des unteren Platzes liegt das Karussel der Beete aus beschnittenem Buchsbaum und Taxus. Die Geometrie der Wasserspiegel reflektiert das Licht des Himmels. In ihrem Zentrum steht die schwere Gruppe der vier Mohren, die die Berge und den Stern des Wappes des Kardinals Montalto tragen.

Der Erfinder des Komplexes ist möglicherweise Vignola; die Neuheit besteht darin, eine Villa erdacht zu haben, bei der nicht das Gebäude, sondern das Wasser die Hauptrolle spielt. Von der Höhe des Hügels verändert das Wasser im Einklang mit der architektonischen

Anlage des Gartens und der Vegetation, die den Abstieg säumen, sogar seine Form: vom Wasserfall hoch oben bis zu den einzelnen Brunnen und der Felswand, bis zu dem Bach, der durch die lange »Tafel des Kardinals« fließt, zu den Wasserspielen der Grotten und schließlich zu den vier großen Becken in der Ebene.

»Einen . . . sehr geschmückten Ort und gut vor allem anderen mit Brunnen ausgestattet«, nennt Montaigne im Jahre 1581 die Villa: »Und in dieser Hinsicht, scheint es, erreicht sie nicht allein Pratolino und Tivoli, sondern übertrifft sie auch. Zum einen hat sie Wasser einer lebendigen Quelle . . . und so im Überfluß (wie es Pratolino nicht hat), daß es für unendliche Spiele ausreicht. Messer Tomaso da Siena, der die Arbeiten in Tivoli geleitet hat, oder zumindest die wichtigsten, ist noch immer Leiter hiervon. Dort ist kein solcher Reichtum. Er hat so immer neue Erfindungen den alten hinzugefügt und hat zu dieser seiner letzten Arbeit viel mehr Kunst und Schönheit und Lieblichkeit hinzugefügt. Neben vielen anderen Gliedern dieses hervorragenden Körpers sieht man eine hohe Pyramide, die in vielfältig verschiedener Weise das Wasser herabfließen läßt: dieses steigt, jenes fällt. Um diese Pyramide finden sich vier schöne kleine klare Seen, rein und voller Wasser. In der Mitte eines jeden findet sich ein kleines Steinschiff mit zwei Schützen, die mit Wasser schießen und auf die Pyramide zielen: in jedem auch ein Bläser, auch er bläst Wasser. Um diese Pyramide und die Seen geht man auf wunderschönen Alleen mit aus schönem Stein sehr kunstvoll gearbeiteten Stützen.« Montaigne bezieht sich auf den Brunnen des unteren Gartens, der von Kardinal Montalto später durch die Gruppe der Mohren ersetzt wurde.

Die Einbeziehung der Natur – die, wie wir gesehen haben, bereits in den rigoros-formalen Gärten in Caprarola und Bagnaia eine Funktion gehabt hatte – wird in Bomarzo vollendet.

Aus Flandern und Deutschland zurückgekehrt, wollte Vicino Orsini zu seinem Palast im Ort oben auf dem felsigen Hügel einen Garten, der vor allen anderen, Architekt oder Steinmetz, seine Idee war. Im Tal, an der Steigung jenseits des Flusses, wollte der die vom darüberliegenden Berggipfel herabgestürzten und nunmehr fest in der Erde verankerten Felsstücke dazu nutzen, Statuen und Reliefs herzustellen oder sie für Brunnen zu verwenden. Dabei sollten sie aber an ihrem Platz und die Vegetation aus Eichen, Pinien und möglicherweise Kastanien unangetastet bleiben.

Der Entwurf wurde mit der Zeit perfektioniert, etwa von 1550 bis 1575, als Orsini schrieb, er habe »schon zahlreiche Statuen im Wäldchen bemalen lassen . . . «, und bis 1579, als er wegen des vorgesehenen Besuches von Gregor XIII. schrieb: »Es bleibt mir kein anderer Ort der Erfrischung außer meinem Wäldchen, und ich segne das Geld, das ich dafür ausgegeben habe und noch immer ausgebe. Und dieses Jahr war es ein wenig aufwendig, weil jeder mir von dem Besuch seiner Heiligkeit berichtet.«

Dieser ungewöhnliche Garten, gebildet von Statuen in einem Wald – und ihre Wirkung muß noch größer gewesen sein als die Statuen bemalt waren – hat seine Bedeutung, ja vielleicht mehrere Bedeutungen. Der Besitzer nannte ihn nämlich in einer der zahlreichen Inschriften, die sich dort befinden, »Heiliger Wald, der allein sich selbst und nichts anderem gleicht« (für eine Welt, die Ungeheuer braucht, ist er heute umgetauft worden in Parco dei Mostri, Park der Monster).

Obgleich von der Kunstgeschichte mehrere Namen von Künstlern ins Spiel gebracht worden sind, zeigt sich überall die starke Persönlichkeit des Auftraggebers. Er war ein Mann der Waffen, aber auch Literat und Freund der Kardinäle Gambara (Erbauer von Bagnaia und Madruzzo, einer der Protagonisten des Konzils von Trient; ihm ist die einzige lateinische Inschrift des Waldes gewidmet). Er stand in Beziehung zu Literaten wie Annibal Caro und Francesco Sansovino. Dem Auftraggeber und vielleicht seinen gelehrten Freunden verdanken wir die komplexe Bedeutung der Skulpturen, deren Realisation auch in den Besuchern Erstaunen auslösen mußte. Etwas den sieben Weltwundern Vergleichbares, die in zwei Inschriften in Erinnerung gerufen wurden: »Ihr, die Ihr irrend durch die Welt streift – um große und erstaunliche Wunder zu sehen, – kommt her, wo es gräßliche Gesichter gibt – Elefanten, Löwen, Ungeheuer und Drachen«, und: »Wer mit geschlossenen Augen und versiegelten Lippen durch diesen Ort geht – der bewundert nicht einmal die berühmten sieben Weltwunder.«

Die Bedeutung des Waldes ist für uns nicht mehr ganz faßbar, aber sie scheint konzentriert in dem enormen Dämonenkopf, über dem sich, ihn fast erdrückend, das Wappen der Orsini befindet (die dämonische Natur besiegt vom Herren von Bomarzo). Er befindet sich beim Eingang am Ende der durch den Wald führenden Allee auf der linken Seite. Er scheint die im Wald liegende Idee zusammenzufassen. Sie ist im ansteigenden Wald voller Ungeheuer formuliert, der am entgegengesetzten Teil bei dem Fluß beginnt.

Dieser Weg scheint die Steigung des Berges als Symbol für die Steigung des Lebens und spirituelles Wachstum zu nützen, jedoch auch für die Herkunft von der Tierhaftigkeit der Sünde im unteren Teil, wo alles zerrüttet ist: vom Brunnen und dem schiefen Haus bis zu den zerbrochenen Sarkophagen und den Tieren der Erde. Der Ausgangspunkt wird bezeichnet vom Koloß des Rasenden Roland, der einen Mann zerreißt. Man steigt dann zur Terrasse auf, wo Tag und Nacht den Lauf der Zeit anzeigen, und die Figur der Ceres, Göttin des Ackerbaus, an die menschliche Aktivität erinnert, bedroht vom Drachen, der Sphinx, dem Elefanten, dem riesigen Kopf mit dem weitgeöffneten Rachen. Vor dort gelangt man zur zweiten Terrasse, die von den Sirenen bewacht wird. Der Zugang zur Treppe zum Gipfel wird von einem Zerberus bewacht. An ihm muß man notwendig vorbei, um den Weg zu beenden. Den Endpunkt bildet der kleine Grabtempel zu Ehren von Giulia Farnese, der Frau des Orsini. Nicht zufällig ist es ein Kuppelbau, der den Himmel symbolisiert. Auf diesem Hintergrund – der ein Weg ist, der auch dem von Hölle, Vorhölle und Paradies ähnelt – finden sich auch andere Episoden. Es fehlen nicht Hinweise auf die Welt der Etrusker (der untere Tempel, die Details der Dekoration des Tempels am Schluß), die klassischen Antike (der gigantische Kopf, der an eine tragische römische Theatermaske erinnert), auf den Orlando des Ariost (in der genannten Gruppe), den Polifilo und die Gärten der Armida des Tasso. Nicht der ganze Weg ist mit Irrationalem und Ungeheurem besetzt. Es gibt zwei Terrassen mit regelmäßigen Plätzen. Einer ist durch riesige Vasen, aufgestellt in zwei symmetrischen Reihen an der Längsseite, begrenzt. Am Eingang stehen zwei Bären mit dem Wappen des Besitzers. Er wird durch gigantische Waldfrüchte (Pinienzapfen und Eicheln) dekoriert. Vielleicht ist gerade hier der zauberischste Ort in Bomarzo.

Die Villa d' Este in Tivoli

Die Villa in Tivoli ist die Realisierung eines Gartens auf sehr unterschiedlichen Niveaus durch Kardinal Ippolito d' Este, Sohn von Lucrezia Borgia, und Alfonso I., Herzog von Ferrara, derselbe Ippolito, der in der Stadt auf dem Quirinal eine Villa mit ebenen Garten besaß.

Zur Anlage dieses großen Gartens waren ungeheure Mengen von Boden abzutragen und Terrassen anzulegen, worüber wir zeitgenössische Zeugnisse besitzen. Im Jahre 1576 schreibt Zappi: »Die Kunst der Menschen und die Stärke des Kardinals von Ferrara hat die Natur des Ortes für den genannten Garten bezwungen und gebrochen. Denn die rauhen Felsen, die sich dort befinden, werden genützt und von der eigenen Natur derart entfremdet, daß die Welt erschrak, als sie die Menschen mit Eisenhämmern sie bearbeiten sah, um sie zu entfernen und dem Garten das Aussehen zu geben, das von den Architekten entworfen war.«

Man erhielt einen weiten unteren Raum mit Beeten, auch in Form von Irrgärten, und fünf Hauptterrassen, die durch Rampen und Treppen verbunden wurden. Der Raum wurde für besondere architektonische Lösungen und perspektivische Veränderungen verwendet. Neben der Hauptachse, die vom unteren Garten durch ein Crescendo von Brunnen und Treppen bis zum Hauptgebäude gebildet wurde, bestehen die Achsen des Gartens aus den Wegen, die die Terrassen durchziehen. Alle führten zu beeindruckenden Brunnen, der Ruhm Tivolis, in einer ausgesuchten Darbietung gestalterischer Effekte.

Montaigne bemerkte im Jahre 1581 unter den Brunnen als besonderes Wunder den der Orgel und der Eule. »Die Musik der Orgel – es handelt sich hier um tatsächliche Musik und eine natürliche Orgel, mag sie auch immer den gleichen Klang haben – ertönt durch das heftige Herabstürzen des Wassers in eine runde und gebogene Höhle, wo es durch die Wucht gezwungen wird, herauszufließen und die Orgelpfeifen zu erreichen, die so mit Luft versorgt werden. Anderes Wasser, das durch Vorsprünge ein Rad in Bewegung setzt, drückt – nach einer vorbestimmten Ordnung – die Tasten der Orgel nieder, und man hat sogar die Nachahmung von Trompetenklängen . . . « Am Brunnen der Eule setzte der Mechanismus eine Eule und eine Gruppe von Vögeln in Bewegung, deren Gesang »von kleinen Metallpfeifen hervorgerufen wird, die sich auch in den Nymphen finden und die einen Klang ähnlich dem von kleinen Tongefäßen, die mit Wasser gefüllt werden und auf denen Kinder durch ein Mundstück blasen, produzieren . . . « Die Brunnenbauer von Tivoli erzielten mit Wasser praktisch alle spektakulären Effekte, die dem Herren der Villa Grund zum Stolz, den Gästen aber zur Bewunderung gaben: Die sehr tiefen Wasserfälle, das Brodeln der Wassertreppen, die Fontänen (am Brunnen des Drachens, Fontana dei Dragli, erbaut zu Ehren von Gregor XIII. Boncompagni, der im Wappen den Drachen hatte), die dichten fächerförmigen Wasserschleier am Rand von weiträumigen Vasen (Fontana del Bicchierone und dell' Ovato), die Wasserfälle (berühmt der von Bernini in natürlicher Form entworfene).

Wir finden ein Echo der Begeisterung für die Brunnen bei Daniello Bartoli (1670): die Wasser scheinen, »als ob sie aus der Höhle des Äolus kämen, gleichsam die Winde . . . Sie breiten sich so fein aus und verteilen sich so gleichmäßig, daß sie wie helle Schleier scheinen, die sich in der Luft verteilen. In kleinste Tropfen zerteilt, bilden sie gleichsam eine Tauwolke, die gegen die Sonne einen Regenbogen formt und vollkommene Farben malt. Durch die Bewegung belebt es die toten Statuen und verändert sie auf verschiedene Weise. Es erscheint verstohlen aus der Erde und schleudert, hängt sich in die Luft mit höchsten Kaskaden. Es stöhnt wie in Schmerzen, heult wie in Wut und singt wie aus Freude.«

Die Achse gehört zu den wundervollen Erfindungen des Gartens d' Este. Sie verbindet die Fontana dell' Ovato (die auch Tivoli genannt wird, weil sie die Statue der Sibilla Tiburtina zwischen den zwei Flüssen Anio und Erculaneo zeigt) über den Viale delle Cento Fontane (Weg der Hundert Quellen), fünfundzwanzig kleine Brunnen in Form eines Schiffes abwechselnd mit dem Adler der

Este und der Französischen Lilie) mit der Rometta (Klein-Rom, einer Rekonstruktion des antiken Rom durch Ligorio, alle bereit, sich mit tausend Wasserstrahlen in einen phantasievollen Brunnen zu verwandeln. Der Wasserreichtum, die Gegenwart eines Garten mit so vielen Architekturen und Skulpturen – auch antiken –, die Schönheit der Pflanzungen und des Ortes ließen die Villa d' Este zum vielleicht berühmtesten Garten der Welt werden, so daß der Name Tivoli vielen Orten des Vergnügens gegeben wurde. Die Villa wurde Herkules geweiht (dem Schutzgott des Hauses Este, mit dem der Kardinal im übrigen die Stärke gemein hatte) und dem Griechen Hippolytos, wobei auf die Tugend der Keuschheit und den Namen des Kardinals angespielt wurde. Aber der Mythos des Herkules ist auch präsent durch die Sage von den wundervollen Gärten der Hesperiden, die der Garten von Tivoli an Schönheit übertraf. Ein Stück der goldenen Äpfel der Hesperiden findet sich in der Dekoration des Brunnens im großen Empfangssaal im Palast, wo man die antiken Reminiszenzen Tivolis (der kleine Tempel der Sibylle) und seine berühmten Wasserfälle in Erinnerung rief.

Herkules und Atlas und der zugeordnete Mythos der Hesperiden erscheinen auch in der Villa Aldobrandini von Frascati, wo man mit Atlas, der die Welt trägt, auf Papst Clemens VIII. anspielte. In der Nähe befanden sich Statuen des Herkules (der Kardinal Pietro, der wie Herkules bereit war, Atlas im Halten der Welt abzulösen) und der Hesperiden.

Gleich nachdem man die Villa d' Este betrat, fand sich »ein Portikus, oder eine große Höhle, nach alter Sitte gemacht und holzgeschmückt wie gewöhnlich in römischen Gärten mit Pfeilern, die von perfekten Weinreben bedeckt waren«, berichtet uns Zappi; darin waren zwei ländliche Brunnen mit Muscheln und einer Jupiter-Statue, Früchte und Pflanzen waren überall, Zedernholz-Spaliere überdachten den niedrigen Weg und die quadratischen Labyrinthe. Auf der hölzernen Architektur wuchs Efeu und Jasmin, aber auch roter Wein, »von so guter und perfekter Art, daß alle Fürsten und Kardinäle Roms ihn genießen, besonders weil er außerhalb der Erntezeit reift und bis zu Ende März reicht.« Die von den Spalieren gebildeten Quadrate waren außer mit Wein mit Gemüse für die Palastbewohner bepflanzt. Zitrusfrüchte und anderes Obst wuchs in Vasen. Zappi beschreibt »80 wunderschöne Tontöpfe, vier Spannen hoch, mit schönen Henkeln, Engelsreliefs, in denen sich die Wurzeln von Granatäpfeln und kleinen neapolitanischen Limetten befanden, die den Magen beruhigen und die man daher im Sommer in den Salat der höchsten Fürsten zu schneiden pflegt.« Auch die großen Villen haben, wie man sieht, den ländlichen Charakter nicht gänzlich verloren, der – wenn auch in sehr verfeinerter Form – zu jeder Zeit der Ort ihres historischen Ursprungs war.

Ausschnitt aus dem Garten im italienischen Stil der Villa Lante in Bagnaia.

Auf den beiden vorangehenden Seiten eine Luftaufnahme der Villa Farnese in Caprarola; ein perfektes Beispiel einer päpstlichen Landresidenz und ein Hauptwerk des Vignola. Sie wurde auf Veranlassung des Kardinals Alessandro Farnese zwischen 1559 und 1573 auf den Fundamenten eine fünfeckige Festung mit fünf zinnenbewehrten Wachtürmen gebaut. Begonnen wurde sie von Antionio da Sangallo dem Jungen. Vignola gelang es, sie in einen imposanten Residenzpalast umzuwandeln, indem er eine harmonische Verbindung zwischen der Architektur der Festung und der der Villa erreichte.

Vor der imposanten Fassade des Vignola (links) liegen zwei wirkungsvolle Plätze, mit denen sie durch zwei symmetrische Treppenaufgänge verbunden ist. Der Anblick wird durch eine weite zentrale Loggia mit fünf Bogen aufgelockert. Hier skandieren die letzte Etage Pilaster, die sich regelmäßig wiederholen. Unten ein Blick auf den weiten runden Haupthof, der ursprünglich in den fünfeckigen Umriß eingefügt war. Er zeigt ein Bossen-Rustika-Mauerwerk, über dem sich eine luftige Pfeilerarkade mit ionischen Säulen öffnet. Darüber liegt eine leichte Balustrade.

Eines der interessantesten Werke des Antonio Barozzi, genannt Vignola, ist die beeindruckende Scala Regia (Königliche Treppe) der Villa Farnese in Caprarola, zu der der Künstler durch das Beispiel Bramantes im Vatikan inspiriert wurde. Die Treppe steigt spiralförmig an, rhythmisch von dreißig tuskanischen Zwillingssäulen getragen. Sie windet sich vom Untergeschoß bis zum Stockwerk »der Edlen« der Villa in einem von Tempesti zwischen 1580 und 1583 dicht bemalten Raum. Er hat groteske Landschaften erlesenen Geschmacks dargestellt. Im Stockwerk »der Edlen« des Palastes befinden sich die Wohnungen der Sommer- und Winterresidenz des Kardinals Alessandro Farnese. Sie sind entlang der fünf Seiten des Baus verteilt und großartig mit Fresken ausgestattet. Der grandiose Zyklus der Malereien von Caprarola hatte seinen Ursprung in den Ideen des Annibal Caro.

Das Innere der Villa Farnese von Caprarola, reich an aufwendig bemalten Zimmern, trägt den Stempel einer raffinierten Eleganz. Auf diesen beiden Seiten der glänzende Salone Regio (Königlicher Saal) oder Saal der Fasten des Herkules. Die Fresken stammen von Federico Zuccari. Seinen Namen erhielt der Saal, weil auf der Decke der» Mythische Ursprung des Sees von Vico durch ein Werk des Herkules« dargestellt wird. Auf der hinteren Wand findet sich ein eindrucksvoller ländlicher Brunnen (unten) aus Mosaik mit Kalkstein und Stuckverzierungen.

Links ein Blick auf das Dekkengewölbe des Königlichen Saales oder des Saales der Fasten des Herkules mit dem »Mythischen Ursprung des Vico-Sees durch eine Tat des Herkules«. Rechts ein Detail der Decke. Alle Wände des Saales – die sich auf die lichte Loggia der Fassade öffnen – wurden von Federico Zuccari in Freskomalerei mit phantasievollen und täuschenden perspektivischen Spielereien bemalt. Sie stellen die Besitzungen des Hauses Farnese dar: Parma, Piacenza, Schlösser und Dörfer. Federico Zuccari und der ältere Bruder Taddeo waren bedeutungsvolle Vertreter des römischen Manierismus, raffiniert, gelehrt an Zitaten und von intelligentem Eklektizismus. Sie entfalteten eine intensive malerische Aktivität in der Villa Farnese in Caprarola. Sie bearbeiteten dort im Grunde höfische und preisende Themen und realisierten einige ihrer interessantesten Werke. Diese sind charakterisiert durch einen ausgeglichenen und feierlichen kompositorischen Rhythmus. Da die außergewöhnlichen Einrichtungsgegenstände zerstört oder verloren sind, bleiben uns als einzige Zeugnisse des ursprünglichen Glanzes der Innenräume die Fresken. Diese sind häufig so angelegt, daß sie die Räume optisch vergrößern sollen.

Der große Saal der Fasti Farnesiani (großen Taten des Herkules) wurde von Taddeo Zuccari mit den Hauptereignissen aus der Familie der Farnese gewidmeten Fresken ausgestattet. So findet sich die Hochzeit des Ottavio Farnese mit Margarete von Österreich, die von Orazio Farnese mit Diana, Tochter Heinrichs II. von Frankreich; Karl V. und Ottavio Farnese, die an der Spitze des Heeres gegen den Landgraf von Hessen ziehen; unten Franz I., der in Paris Karl V. und Kardinal Alessandro Farnese empfängt; die Ernennung von Pier Luigi Farnese zum Oberhaupt des päpstlichen Heeres.

Der Saal der Engel (auf diesen beiden Seiten) ist Teil der Winterwohnungen des Kardinals Alessandro Farnese und gehört zu den prächtigsten Räumen der Villa von Caprarola; die Decke ist mit dem Sturz Luzifers (unten) von Giovanni de Vecchi geschmückt. Die Wände zeigen Fresken von Raffaellino da Reggio, die einige Engelserscheinungen darstellen, wie »Der Engel erscheint Gideon« (oben links), »Erzengel Michael auf dem Garganer Berg« und der »Engel, der Daniel in der Löwengrube Brot bringt«.

Angrenzend an den Saal der Engel befindet sich der großartige Saal der Weltkarte (links), vielleicht das eindrucksvollste Interieur der Villa Farnese in Caprarola; er ist geschmückt mit geographischen Themen, die wir Giovanni Antonio da Varese verdanken, sowie mit Porträts von großen Entdeckern und Seefahrern (Magellan, Marco Polo, Christoph Kolumbus, Hernán Cortés, Amerigo Vespucci) und anderen Themen von Giovanni de Vecchi und Raffaellino da Reggio; im Deckengewölbe sind die chinesischen Sternzeichen dargestellt (Detail unten).

Hinter der Villa Farnese in Caprarola erstreckt sich ein weitläufiger Gartenpark mit Terrassen, alten Bäumen, geschmückt durch Statuen (Detail rechts), Brunnen wie der der Lilie, Wasserbecken, Wasserspielen, viereckigen Plätzen und zwei Pavillons mit ländlichen Deckenmosaiken und zwei parallelen, symmetrischen Treppen; in deren Mitte führt eine Wassertreppe, gespeist aus dem Brunnen der Flüsse (Fontana dei Fiumi) und eingefaßt von einer Kette aus steinernen Delphinen zu den Wasserspielen (unten links). Von der oberen elliptischen Ebene führen zwei symmetrische Rampen zum Platz der Kariatyden, wo sich das Casino erhebt (links oben), das von Vignola als sommerliche Rückzugsmöglichkeit des Kardinals Alessandro Farnese, einer einflußreichen Persönlichkeit des päpstlichen Rom, gebaut wurde. Es handelt sich um eine elegante zweistökkige Konstruktion, durch eine Balustrade getrennt. Die untere Etage ist ein Portikus, die andere eine leichte Loggia mit Bogen, die mit der ganzen Wölbung auf Säulen ruhen und mit Fresken geschmückt sind. Wenig oberhalb des Casinos findet sich die letzte Terrasse mit dem Halbkreis der Nymphen.

Der Heilige Wald bildet eins der wichtigsten Beispiele des manieristischen phantastischen und bizarren Geschmacks. Er wurde am Fuß des Abhangs, auf dem sich die Ortschaft Bomarzo mit dem beeindruckenden Palazzo Orsini erhebt, von 1550 bis ca. 1579 erbaut. In einer wild belassenen Umgebung findet sich ein von Ungeheuern bevölkerter Weg. Sie wurden von unbekannten Künstlern direkt in die erratischen Tuffsteine gemeißelt (rechts oben der von Windhunden angegriffene Drachen, rechts unten der Höllenschlund). Auf dem Gipfel des Sacro Bosco ist das elegante Tempelchen im Geschmack des Vignola (unten).

Der Palazzo Giustiniani in Bassano di Sutri entstand im 16. und 17. Jahrhundert aus einem mittelalterlichen Schloß, das in eine Villenresidenz verwandelt wurde. Das mächtige Gebäude mit viereckigen Grundriß in grauem Stein hat eine einfache Fassade mit schönem Tor im Geschmack des Vignola. An der Hinterseite befindet sich der Zugang zum Hof, der auf der einen Seite einen Portikus und darüber eine mit Grotesken geschmückte Loggia zeigt. Durch einen aufwärtsführenden Gang mit vier Bogen ist der Palast mit einem weitläufigen Park verbunden. Dort findet man einen dichten alten Baumbestand. Der Park wird durch einen italienischen Garten und ein Casino verschönt. Das Casino heißt La Rocca und hat Zinnen und einen zentralen Turm. Sehr interessant sind die Wohnräume. Sie sind großartig mit manieristischen Fresken mit biblischen und mythologischen Themen dekoriert. Links das Speisezimmer, von Albani am Beginn des 17. Jahrhunderts in lebhafter und frischer Darstellungsweise bemalt. An der Decke: »Der Fall des Phaeton«, von einem als hellenisierend bezeichnetem Geist durchdrungen. Das Gebäude war früher Eigentum der Anguillara, die es im Jahre 1595 an Giustiniani verkauften. Heute gehört es den Odescalchi.

GENOVA

Der Marquis Vincenzo Giustiniani, dem wir die Schöpfung des großartigen Gartens des Palazzo Giustiniani verdanken, vertraute die Ausstattung der Säle außer Albani Bernardo Castello (Saal von Amor und Psyche) Domenichino (Kleines Zimmer mit den Sagen um Diana), Paolo Guidotti Borghese (Saal der Allegorie der Ewigen Glückseligkeit) und anderen manieristischen Malern an. Links das Deckengewölbe des Zimmers des Parnaß und unten die Deckengewölbe der Zimmer des Herbstes und des Sommers.

Auf den beiden folgenden Seiten ein Luftbild der Villa Lante in Bagnaia. Der Bau der Villa wurde nach 1556 vom Kardinal Giovan Francesco Gambara, Bischof von Viterbo, verwandt mit den Farneses, begonnen. Er ließ zwischen 1566 und 1578 den italienischen Garten ausführen und das erste der kleinen symmetrischen Casinos, aus denen die Villa besteht, fast sicher im Jahre 1568 von Vignola beginnen. Das kleine Gebäude heißt daher Palazzina Gambara. Das zweite wurde zwischen 1587 und 1590 vom Kardinal Montalto errichtet.

Sofort nach dem Eingang der Villa Lante beginnt der italienische Garten, der sich auf ca. vier Hektar erstreckt und, jenseits der zwei Casinos, mit fünf übereinanderliegenden Terrassenstufen auf dem Hügel ansteigt (auf den beiden vorhergehenden Seiten). Von Vignola erdacht und vielleicht unter Mitwirkung von Jacopo del Duca realisiert – er war in Caprarola tätig und konnte die Arbeiten nach dem Entwurf des Vignola fortsetzen – ist der Garten mit seiner symmetrischen Eleganz einer der klassischsten, berühmtesten und am meisten imitierten. Auf der niedrigsten Ebene findet sich zwischen dem Eingang und den zwei Gebäuden der große quadratische Garten, unterteilt in sechzehn Felder, von denen die vier zentralen von der monumentalen Fontana del Quadrato (rechts) eingenommen werden. Der Wasserspiegel ist von Geländern in vier Becken unterteilt. In der Mitte eines jeden befindet sich ein Boot; der Brunnen hat im Zentrum einen dreifachen Kreis von Becken, über dem sich die vier »Mohren« erheben (so benannt nach der dunklen Farbe, die der Tuffstein angenommen hat). Sie halten das Wappen von Sixtus V. Die Mohren wurden Giambologna oder Taddeo Landini zugeschrieben, sind jedoch wahrscheinlich ein Werk von Ambrogio Buonvicino.

In der Loggia der Palazzina Gambara (auf diesen beiden Seiten) ist das Deckengewölbe mit den Arbeiten des Herkules und Grotesken geschmückt, die traditionell der Schule der Zuccari zugeschrieben werden, kürzlich jedoch Raffaelino da Reggio und seinen Schülern. Auf den Wänden finden sich zwischen Karyatiden Ansichten der schönsten Villen Latiums aus dem 16. Jahrhundert: Villa d'Este in Tivoli, Villa Farnese in Caprarola, Palazzo Farnese in Capodimonte und die noch nicht vollendete Villa Lante in Bagnaia (unten); über jede Villa ist das Wappen des Gründers gemalt.

Zu den schönsten Räumen der Palazzina Gambara der Villa Lante gehören das Zimmer der Jagd und das Zimmer der Fischerei, die von Antonio Tempesti zwischen 1580 und 1583 bemalt wurden. In diesen Jahren war der Künstler auch in der nahegelegenen Villa Farnese in Caprarola aktiv. Das Zimmer der Jagd ist von Tempesti gänzlich mit Fresken ausgestattet. Sie bedecken die Wände und die Decke (Detail rechts). Sie zeigen am Himmel fliegende Vögel und andere mit der Jagd zusammenhängende Tiere wie den Affen, den Adler und den Pfau. Auch im Zimmer der Fischerei (Detail links) sind alle an den Wänden dargestellten Szenen von Tempesti außer der Decke mit Grotesken, in deren Zentrum sich das Wappen der Lante della Rovere befindet und die eine Neugestaltung des 19. Jahrhunderts ist. Die Palazzina Gambara hatte berühmte Gäste wie Papst Gregor XIII., Kardinal Carlo Borromeo und den französischen Schriftsteller Michel de Montaigne, der die Villa Lante voll Bewunderung in seinem »Journal de voyage en Italie« beschrieb. Er betont, daß sie an Schönheit die Villa d'Este in Tivoli übertrifft und konzentriert sich besonders auf die Fontana del Quadrato.

Die Palazzina Montalto unten sieht genau so aus wie die Palazzina Gambara. Auch sie hat eine bemalte Loggia (mit perspektivischen Malereien, die Scheinarchitekturen darstellen und von Volieren und Bildern mit Seelandschaften von Agostino Tassi unterbrochen sind. Die Figuren in den Feldern des Deckengewölbes werden Orazio Gentileschi zugeschrieben. Rechts die Decke des Ruhmessaales, der seinen Namen von der zentralen Darstellung (oben) des Cavalier d'Arpino erhält; in den Nischen finden sich die Figuren der Sibylle des Trometta; in den Bogen biblische Szenen, ebenfalls von Cavalier d'Arpino.

NINFA · DELLA · NVVOLA
CARR
NINFA · DELLA · TEMPESTA
CARR
CARR

Auf diesen beiden Seiten die Decke des Konversationssalons, einer der schönsten Räume der Palazzina Montalto. Zwischen den Figuren und Stuckdekorationen in Reliefarbeit sind in Fresken Szenen mit mythologischen Darstellungen (Minverva, Diana, Venus, Juno, Ceres) gemalt, eine jede auf einem von symbolischen Tieren gezogenen Wagen; zu ihren Seiten befinden sich in runden Feldern einige Allegorien der Wappen der Montalto. Die Decke wurde insgesamt wahrscheinlich von Cavalier d'Arpino erdacht, der sich bei der Ausführung seines Schülers Marco Ganassini bediente.

Der Delphinbrunnen (unten), dessen Schmuck von sechzehn Delphinpaaren gebildet wird, befindet sich auf der vierten Terrasse und entlang der zentralen Achse, die den gesamten Park der Villa Lante durchquert. Der Brunnen hieß bis zum Jahre 1612 Fons Coralli; ursprünglich war er mit einem Gartenhaus überdacht, und die Säulen, waren von Volieren oder von Strukturen umschlossen, die wie in antiken Villen Laubengänge zum Spazierengehen bildeten. Die Brunnen von Bagnaia werden Ammannati und Jacopo del Duca zugeschrieben.

Auf der linken Seite eine schöne Ansicht des italienischen Gartens mit dem Brunnen der Mohren der Palazzina Gambara und dem Jagdschlößchen, das das älteste Gebäude von Bagnaia ist. Es wurde im Park zu Beginn des 16. Jahrhunderts von Kardinal Ottaviano Riario, Bischof von Viterbo erbaut und später von den Lante zu einem Stallgebäude deklassiert. Im letzten Krieg wurde es zerstört und nun restauriert. Es handelt sich um eine harmonische Anlage mit einfachen Proportionen im Stil der des 15. Jahrhunderts.

Die vierte Terrasse ist mit der dritten durch eine von Buchsbaumhecken gesäumten Treppe verbunden. In der Mitte fließt eine Wassertreppe (links), gebildet aus aneinanderanschließenden Tuffsteinvoluten. Durch sie fließt das Wasser, daß oben zwischen den Scheren eines Krebses, Emblem des Kardinals Gambara, entspringt. Es fällt zwischen die Scheren eines anderen Krebses im Brunnen der Giganten (unten), wo sich zwei enorme Statuen des Tiber und des Arno befinden. Sie erinnern an die berühmten Flußstatuen auf dem Campidoglio.

Auf den beiden vorhergehenden Seiten die Villa d'Este in Tivoli, entworfen von Pirro Ligorio für Kardinal Ippolito. Die Villa entstand aus der Verwandlung und Erweiterung des Hofmeisterpalastes, gebildet von einem alten Kloster, das an die Kirche S. Maria Maggiore grenzte. Ligorio berief zu ihrer Dekoration Künstler des späten 16. Jahrhundert. Unten der zentrale Saal mit Fresken zu mythologischen Themen der Schule des Girolamo Muziano und Federico Zuccari. Rechts der ländliche Brunnen mit der Ansicht des Tempels der Sibylla.

Um die Räume des Klostergebäudes zu verschönern und zu differenzieren, bediente sich Pirro Ligorio hauptsächlich der Stuckdekorationen und Fresken, die einem präzisen künstlerischen Programm entsprachen. Dies bestand aus verschiedenen Leitthemen, die sich aufeinander beziehen und zum Teil die Herkules und dem Griechen Hippolytos gewidmete Symbolik des Gartens ergänzen. Dieser Schmuck wurde neben Girolamo Muziano und Federico Zuccari von Antonio Tempesti, Livio Agresti und Luigi Karcher und von vielen weiteren Malern, Dekorateuren und Stuckateuren realisiert. Links eine Ansicht der Decke des ersten Zimmers nach Nord-West, die den Namen »Arbeiten des Herakles« auf Grund der kleinen Fresken, die die Wände, abwechselnd mit Landschaften, Figuren und Grotesken, zeigen. Im Zentrum des Deckengewölbes »Der Götterrat«, ein Werk des Muziano und seiner Helfer. Dennoch ist bei der Villa d'Este der Garten noch wichtiger als das Gebäude, eines der typischsten Beispiele eines römischen Renaissance-Gartens und zweifellos auch einer der klassischsten italienischen Gärten, der in der Folge die französische Mode beeinflussen wird.

Der großartige Garten der Villa d'Este wird von einer Fülle eindrucksvoller Wasserspiele belebt. Links die geniale Fontana del Bicchierone (Brunnen des großen Glases), der Tätigkeit Berninis zwischen 1560 und 1561 zugeschrieben. In ihm kommen die Wasserstrahlen aus einem großen Kelch, der über einer großen Muschel liegt. Rechts oben Viale und Fontana delle Cento Fontane (hundert Brunnen), ein Werk von Pirro Ligorio, datierbar zwischen 1567 und 1568. Sie war ursprünglich mit Reliefs der »Metamophosen« Ovids geschmückt. In ihr sprudeln zahlreiche Wasserstrahlen aus Obelisken und Schiffen, die sich mit dem Adler d' Este und der französischen Lilie abwechseln. Sie benetzen die elegante, moosbedeckte und von Meerestieren geschmückte Front. Unten rechts Fontana dei Dragli (Drachenbrunnen), der von Ligorio entworfen wurde und das dominierende Element der Achse des Gartens ist.

Links der dekorative Brunnen von Tivoli, auch er von Ligorio »so benannt, weil er den Berg und die Flüsse von Tivoli« repräsentiert, bekannter aber als Fontana dell'Ovato wegen der elliptischen Form seines Beckens. Vom zentralen Becken senkt sich ein großer Wasserfall, der auf die Tivolis anspielt, während die Grotten die Berge Tivolis darstellen. Die drei Statuen, die sich darin befinden, personifizieren die Flüsse des Gebietes von Tivoli: den Anio, den Albuneo, dargestellt von der Sibylle aus Tivoli, und den Erculaneo. In den Nischen des halbrunden Nymphäums befinden sicht acht Statuen von Nymphen, geschaffen von Giovanni Battista Della Porta nach einem Entwurf von Ligorio. Rechts ein Ausschnitt aus der monumentalen Fontana dell'Organo Idraulico (Wasserorgelbrunnen), der oben von der originellen und grandiosen architektonischen Perspektive begrenzt wird – tatsächlich barocker Darstellung würdig. Sie stammt ebenfalls von Ligorio und trägt Karyatiden und Telamonen von Pirrin del Gagliardo, bekrönt vom Adler d' Este. Im Kiosk des Bernini im Zentrum des Prospekts befand sich die vom Wasser betriebene Orgel, eine Erfindung Claude Venards.

Auf diesen Seiten die Rückansicht (unten) und die Vorderansicht (rechts) der Villa Aldobrandini in Frascati, entworfen von Giacomo Della Porta für Kardinal Pietro Aldobrandini, den Neffen Clemens' VIII. Della Porta leitete auch die Bauarbeiten von 1598 bis zu seinem Tode im Jahre 1602. Zu Ende des gleichen Jahres trat Carlo Maderno, der von Giovanni Fontana auf dem Gebiet der Hydraulik unterstützt wurde, an seine Stelle. Zu dieser Zeit mußten die Arbeiten fast beendet sein, da sich im Jahre 1603 Clemens VIII. hier aufhielt.

Die Rückenansicht blickt auf den sehr schönen Park und ist lebendiger als die Vorderseite. Sie zeigt einen zentralen Vorbau, in dem sich ein Bogeneingang auf Säulen öffnet. Darüber öffnet sich eine dreibogige Loggia. Über ihr wiederum eine weitere Loggia mit Architrav. Die Vorderfassade ist einfacher und strenger. Sie wird nur durch vertikale Gesimsbänder belebt sowie durch die verschiedenen Abstände der Fenster. Über der dritten Reihe erhebt sich ein zerteiltes Tympanon, dessen beide Seitenfragmente eine zentrale Zone umrahmen, wo sich weitere Fensterreihen öffnen. Am Ende des 17. Jahrhunderts ging die Villa in den Besitz der Pamphili, dann in den der Borghese über und kehrte schließlich im 19. Jahrhundert zu den Aldobrandini zurück.

OTESTATEM · SEDIS · APOST · FERRARIA · PACE · CHRISTIA

Die Vorderansicht der Villa Aldobrandini liegt der Dekoration des Wassertheaters (unten) gegenüber. Gebildet von einem großen Halbkreis, der zwischen zwei gradlinigen Flügeln liegt. Darin öffnen sich große Nischen mit Brunnen und Statuen, die von Säulen und Karyatiden begrenzt und von Lisenen getrennt werden. Im Zentrum der Brunnen des Atlas, an den Seiten der des Kentauren und des Polyphem mit Blasinstrumenten, aus denen das Wasser mit harmonischen Klang austrat. Das Nyphäum wurde möglicherweise von Della Porta entworfen und begonnen, beendet wurde es von Fontana und von Maderno.

Die Dekoration des Saales des Parnaß (links) ist uns nur zum Teil erhalten. Die Decke (Detail unten) mit Rosen-, Orangen-, Jasmin- und Weinpergola mit Vögeln wurde von Domenico Pasignano zwischen 1616 und 1618 gemalt. Die Wände sind durch goldenen Stuck und bizarre Kompositionen in farbigem Reliefmosaik (Detail unten) aufgeteilt worden und waren mit den zehn »Taten des Apoll« des Domenichino bemalt. Schön ist die Holzgruppe, die Apoll, die Musen und Pegasus auf dem Parnaß darstellt. Sie stammt von Giovanni Anguillara und Jacques Sarrazin.

Die höchstgelegene Villa in Frascati ist die Rufinella, heute Tuscolana, die von Luigi Vanvitelli im Jahre 1741 in der uns heute erhaltenen Weise rekonstruiert wurde. Im Zentrum der Hauptfassade (unten), rhythmisch von Pilastern unterbrochen, öffnet sich ein dreibogiger Portikus, der mit einem Kreuzgewölbe überdacht ist. Über dem mittleren Bogen öffnet sich eine sehr schöne Serliana; *ganz oben erhebt sich aus dem Dach ein letztes Geschoß in Form einer Loggia, in der die drei großen Bogenfenster im Zentrum die Form des Portikus wieder aufnehmen.*

Die Villa Sacchetti, gegenwärtig Chigi, von Castel Fusano (unten) zeigt sich als massive und strenge Konstruktion eines Parallelepipedons mit drei Stockwerken und vier niedrigen Türmen mit Schießscharten an den Seiten. Eine zentrale Erhebung in der Art eines Aussichtsturmes mit Fenstern endet mit kleinen Türmchen und streckt das Gebäude ein wenig. Die Villa erhielt ihr aktuelles Aussehen durch Eingriffe des Pietro da Cortona, der an der Umgestaltung des Gebäudes zwischen 1621 und 1627 auf Wunsch des Kardinals Giulio Sacchetti teilnahm.

Im Innern der Villa Sacchetti-Chigi war Pietro da Cortona als Maler in den Jahren 1627 und 1629 unter Mitwirkung anderer Maler tätig. Die Kapelle ist von Pietro da Cortona mit Fresken ausgestattet worden. Auf der Deckenwölbung um die Erschaffung Evas vier Medaillons mit Episoden der Schöpfung (links): Scheidung von Licht und Finsternis, Erschaffung von Sonne und Mond, Schöpfung der Erde, Erschaffung der Tiere. Unten der Mondwagen, ein Fresko der Galerie, ebenfalls von Pietro da Cortona.

Inhalt